Feine Snacks für tolle Hunde

Sascha Storz

Feine Snacks für tolle Hunde

Fotos von Karl Newedel

Bassermann

„Der Hund ist das einzige Wesen auf Erden, das dich mehr liebt als sich selbst."
Josh Billings

Vorwort

Ob „Liebe geht durch den Magen" oder „Liebe ist Backen", uralte Redensart oder Werbespruch: Bei Ihrem Hund treffen beide voll ins Schwarze! Spätestens, wenn Sie die feinen Leckereien in diesem Buch nachbacken, Ihr Hund Sie nicht mehr aus den Augen lässt, und jeden Handgriff mit einem Schwanzwedeln kommentiert, werden Sie mir zustimmen.

Die Snacks, die Sie hier finden, sind sehr viel gesünder als die meisten Hundeleckerlis, die Sie im Handel kaufen können – dennoch sind sie nicht dazu geeignet, den Hund ausschließlich zu ernähren. Es sind Snacks, Belohnungen, Motivationsverstärker. Sie können sie täglich zufüttern, aber denken Sie daran: Weniger ist manchmal mehr.

Ziel dieses Buches ist es nicht nur, geeignete Rezepte zum Nachbacken anzubieten, sondern Sie auch zu motivieren, eigene Kreationen zu testen. Dazu gehört auch ein wenig Aufklärung darüber, was in einem Hundenapf nicht landen darf. Denn beileibe nicht jede Leckerei, die man für seinen Hund gerne zubereiten möchte, ist für diesen geeignet. Einige Zutaten sind – obgleich für uns Menschen harmlos – für Hunde unverträglich oder sogar giftig. Die „üblichsten" davon finden Sie in diesem Buch aufgelistet, so dass Sie sie bei eigenen Kreationen vermeiden können.

Schließlich will jeder, der für seinen besten Freund backt oder kocht, sorgenfrei zuschauen, wie dieser die kleinen Kunstwerke genussvoll verspeist.

Gutes Gelingen!

Sascha Storz

„Ein Hund ist ein Herz auf vier Beinen."
Irisches Sprichwort

Inhaltsverzeichnis

Vorwort — Seite 7
Was niemals in den Napf gehört — Seite 14
Was Sie sonst noch wissen sollten — Seite 20

Feines Filet vom Federvieh — Seite 30
Honig-Knochen — Seite 32
Nachos — Seite 34
Goldene Happen — Seite 36
Murphys Pizza — Seite 38
Rosmarin Chips — Seite 40
Hundegeburtstagskuchen — Seite 42
Apfel-Käse-Stangen — Seite 44
Fliegender Holländer — Seite 46
Joghurt-Eiswürfel — Seite 48
Drei-Ecken-Kracher — Seite 50
Thunfisch-Minz-Fladen — Seite 52
Winnis Buletten — Seite 54
Kaukreisel — Seite 56
Krachende Kugelkekse — Seite 58

Fenchel-Ingwer-Reis-Platten   Seite 60
Beef-Brocken   Seite 62
Müsli-Riegel   Seite 64
Pumpernickel-Pralinchen   Seite 66
Bananenbrot   Seite 68

Was abschließend zu sagen wäre   Seite 72
Ihre Notizen   Seite 74
Danksagung   Seite 76
Register   Seite 79
Impressum   Seite 80

„Ich fürchte, die Tiere betrachten den Menschen als ein Wesen ihresgleichen, das in höchst gefährlicher Weise den gesunden Tierverstand verloren hat."
Friedrich Nietzsche

Was niemals in den Napf gehört

Spätestens, wenn Sie dieses Büchlein durchkocht haben, werden Sie auch eigene Rezepte ausprobieren wollen. Eigene Köstlichkeiten, die auf Ihren Hund angepasst sind und zu seiner ganz persönlichen Leibspeise werden sollen. Dabei gibt es einiges zu beachten,

denn nicht alles, was dem Tier schmeckt, ist gesund. Mehr noch: Viele für den Menschen ganz alltägliche Nahrungsmittel sind für den Hund gefährlich.

Lesen Sie die folgenden Abschnitte durch, bevor Sie den Ofen anheizen.

Zwiebeln

Zwiebeln enthalten sowohl roh als auch gekocht Schwefelverbindungen, die die roten Blutkörperchen des Hundes zum Platzen bringen, was zu Blutarmut führt, oder sogar tödlich enden kann. Dabei sind die Mengen relativ gering: 5 g Zwiebel pro kg Körpergewicht gilt als gefährlicher Wert – eine mittelgroße Zwiebel von 125 g kann also einen 25 kg schweren Hund töten.

Knoblauch

Knoblauch findet man leider in zu vielen Hundespeisen. Dabei ist er giftig, kann in sehr hohen Dosen auch zum Tod führen. Die ihm nachgesagte abschreckende Wirkung gegen Flöhe ist eher ein Gerücht als wissenschaftlicher Standard. Das enthaltene Gift soll sich im Hundekörper anlagern, was es auch gefährlich macht, kleine Mengen über einen längeren Zeitraum zu füttern.

Schokolade

Bestandteil aller kakaohaltigen Lebensmittel ist Theobromin, ein für Hunde lebensgefährliches Gift. Je dunkler die Schokolade, desto höher der Giftgehalt. Bereits kleine Mengen können tödlich sein – es geht hier nicht um mehrere Tafeln, schon ein Riegel dunkler Schokolade kann einen kleinen Hund umbringen. Verzichten Sie komplett darauf.

Schweinefleisch

Roh (und nach manchen Meinungen auch gekocht) kann Schweinefleisch den Aujeszky-Virus enthalten, der bei Hunden zum Tod führt. Zwar gilt Deutschland als Aujeszky-frei, aber schließlich machen Viren nicht an Ländergrenzen halt, und wer weiß, vielleicht wird dieses Buch ja sogar weltweit genutzt. Ebenso sollten Sie alle Schweinefleisch-Produkte vermeiden, also auch keine Würste füttern, wenn Sie die Zusammensetzung nicht kennen.

Koffein

Beim Abbau von Koffein entsteht Theobromin, das gleiche Gift, das auch in der Schokolade zu finden ist. Bereits kleine Mengen können große Auswirkungen haben.

Rosinen/Weintrauben

Der Genuss von Weintrauben kann zu Nierenversagen führen. Bereits eine Hand voll davon kann einen kleinen Hund töten. Gefährlicher noch sind Rosinen. Füttern Sie anderes Obst, es gibt ja genug.

Geschmacksverstärker und Aromen

Geschmacksverstärker und Aromen verstärken die Akzeptanz eines Futters, das der Hund sonst nicht oder mit weniger Appetit fressen würde. Sie können Allergien auslösen und sehr problematisch werden, wenn Unverträglichkeiten auftreten, denn Alternativ-Futter ist dem Tier dann häufig zu fade. In gutem Futter werden Sie keine Aromen oder Geschmacksverstärker finden. Und auch nicht in den Rezepten in diesem Buch.

Süßstoffe

Süßstoffe können beim Hund zu einem tödlichen Abfall des Blutzuckerspiegels führen.

Nüsse

Nüsse enthalten eine Vielzahl nützlicher Bestandteile, sind aber so energiereich, dass sie sehr schnell auf die Hundehüften wirken. Auch enthalten viele Nüsse hohe Konzentrationen an Phosphor, was zu Blasensteinen führen kann. Füttern Sie Nüsse also mit Bedacht, und vermeiden Sie Walnüsse (diese können von einem nicht sichtbaren Schimmelpilz befallen sein, der für Hunde hochgiftig ist), sowie Macadamia-Nüsse, die ebenfalls giftig für Ihren Vierbeiner sind.

„Hunde haben alle guten Eigenschaften des Menschen, ohne gleichzeitig seine Fehler zu besitzen."
Friedrich II. (der Große), König von Preußen

Was Sie sonst noch wissen sollten

Kartoffeln

Kartoffeln sind roh giftig. Gekocht enthalten noch die grünen Pflanzenbestandteile giftige Substanzen. Also sollten alle Keime, alle Augen, eben alles was grün ist, entfernt werden. Den Rest können Sie gefahrlos verwenden.

Ascorbinsäure (Vitamin C)

Ascorbinsäure ist ein für den Hund notwendiges Vitamin, das er normalerweise in ausreichendem Umfang in Leber und Nieren selbst herstellt. Es steht als Haltbarkeitsmacher in Futterbeimischungen im Verdacht, ein auslösender Faktor für die Magendrehung zu sein. In unseren Rezepten haben wir komplett darauf verzichtet – die Aufnahme von Vitamin C beispielsweise über Obst gilt hingegen als harmlos.

Hülsenfrüchte

Erbsen, Bohnen usw. sind roh giftig. Selbst gekocht können sie noch zu Bauchkrämpfen und schmerzhaften Blähungen führen – füttern Sie sie vorsichtig.

Milch

Milch enthält Laktose, die vom erwachsenen Hund nicht mehr verwertet werden kann – sie gehört nur bei den Welpen zur natürlichen Nahrung. Die Produktion des Enzyms, dass die Laktose aufspaltet, wird im erwachsenen Alter eingestellt. Ein wenig Milch schadet nicht, sollten sie insgesamt zu viel füttern, wird der Hund unter Durchfall leiden.
Vergorene Milcherzeugnisse wie Käse werden normalerweise aber gut vertragen.

Eier

Rohes Eiklar bindet Biotin (Vitamin B_7), es sollte nicht gefüttert werden. Gekochte Eier sind dagegen harmlos, selbst die Schale wird von einigen Hunden gern genommen und enthält viel verwertbares Kalzium.

Gemüse

Grundsätzlich ist der Hund Fleischfresser und sein Verdauungstrakt ist nicht auf die Aufnahme von pflanzlichen Nährstoffen ausgelegt – er wird sie unverdaut wieder ausscheiden. Wenn er an die Mineralstoffe und Vitamine im Gemüse herankommen soll, müssen Sie für ihn die Cellulose-Wände der pflanzlichen Zellen geknackt haben – z.B. indem Sie es erhitzen. Allerdings enthalten die meisten Gemüse viele Ballaststoffe, die zwar unverdaulich sind, aber die Darmtätigkeit anregen und somit u.a. Verstopfungen vorbeugen.

Getreide

Hier gilt im Prinzip das Gleiche wie für das Gemüse. Mit dem Unterschied, dass bei der Verwendung des Getreides in Mehlform die Zellwände durch die mechanische Einwirkung des Mahlens zerstört wurden. Wie beim Menschen ist auch für den Hund Vollkornmehl die bessere Wahl, es enthält wertvolle Vitamine, Eiweiß und Mineralstoffe. In der Tierfutterindustrie haben die hohen Getreide-Anteile damit zu tun, dass die Getreidekleber (Gluten) die Trockenfutter-Brocken zusammenhalten und in nahezu jede Form pressbar machen.

Obst

Wirklich gefährlich sind beim Obst vor allem die Steine und Kerne. Bei regelmäßigem Verzehr (der Steine) können sie schwere Nervenschäden verursachen. Ansonsten gilt ähnliches wie beim Gemüse.

Kräuter

Es gilt das Gleiche wie beim Gemüse – für unsere Tiere sind sie nur verdaulich, wenn die Zellwände geknackt wurden. Dann enthalten sie eine Vielzahl von wichtigen Nährstoffen.

Zucker

Zucker ist ein natürlicher Geschmacksverstärker und wirkt auf den Hund wie ein Lockmittel, so dass er das Futter, in dem

Zucker enthalten ist, annimmt, obwohl er den Rest des Futters eigentlich nicht fressen würde. Viele der bekannten Fertigfutter-Marken enthalten große Mengen Zucker, teilweise verklausuliert. Zucker im Übermaß und auf Dauer löst viele Krankheiten beim Hund aus, aber primärer Lieferant ist das Fertigfutter. Über einen Löffel Honig in den Leckerlis müssen Sie sich hingegen keine Sorgen machen, wenn Sie ansonsten hochwertig, also nahezu zuckerfrei, füttern.

Nebenerzeugnisse

Weder pflanzliche noch tierische Nebenerzeugnisse werden Sie in diesem Buch verwendet finden – sie sind nur der Vollständigkeit halber aufgeführt (und wenn Sie die Zutatenliste Ihres Hundefutters anschauen, regt dies hier vielleicht zum Nachdenken an): Tierische Nebenerzeugnisse, die für Tierfutter verwendet werden, sind z.B. Häute, Hufe, Federn und Tiermehl. Zu den pflanzlichen Nebenerzeugnissen zählen dann beispielsweise Erdnussschalen oder gehäckselte Maisstauden. Wie ungeheuer hochwertig und verwertbar das für Ihren Vierbeiner ist, können Sie sich denken.

Alte Irrtümer

Salz

Hunde haben, wie alle anderen Säugetiere auch, einen Bedarf an Salz. In der freien Natur würden sie diesen mit dem (stark salzhaltigen) Blut ihrer Beutetiere decken. Da aber die wenigsten Hunde noch frisches Blut bekommen, ist die vorsichtige Zugabe von Salz, also die eine oder andere Messerspitze dann und wann, bei gesunden Tieren unschädlich. Vorsichtig sollten Sie mit Salz allerdings bei vorgeschädigten oder nierenkranken Tieren sein.

Üblicherweise wird der Salzbedarf des Hundes durch das Fertigfutter gedeckt. In den Rezepten dieses Buches wird Salz konsequenter Weise nur dort beigefügt, wo ein Snack eine Mahlzeit ersetzt, und nicht in einer der anderen Zutaten (z.B. Brühe) schon zu finden ist – z.B. bei „Winnis Buletten".

Benutzen Sie eher Steinsalz oder Meersalz als Industriesalz – sie enthalten viel mehr verschiedene Mineralien, und gerade die Zusätze in Industriesalz (z.B. Jod, Fluor) sind noch umstritten. Und sorgen Sie immer für genügend Wasser, salzig macht durstig.

Gewürze

Scharfe Gewürze reizen unter Umständen die Magenschleimhaut Ihres Tieres. Aber gleichzeitig fördern sie auf vielfältige Art die Verdauung, machen die Nahrung somit bekömmlicher und verträglicher. Experimentieren Sie ruhig mit Gewürzen, aber mit Bedacht: nicht zu scharf, und lieber zu wenig als zu viel.

„Wir schenken unseren Hunden ein klein wenig Liebe und Zeit. Dafür schenken sie uns restlos alles, was sie zu bieten haben. Es ist zweifellos das beste Geschäft, das der Mensch je gemacht hat."
Roger Andrew Caras

Rezepte

Die Rezepte, die Sie auf den nächsten Seiten finden, sind alles feine und gesunde Leckereien, und für Ihren besten Freund gut verträglich. Aber es sind eben Leckereien – wie Kuchen oder Gummibärchen für uns Menschen. Es schadet nichts, davon auch mal über den Hunger zu essen – eine ausschließliche Ernährung mit den hier vorgestellten Snacks wäre aber nicht mehr tiergerecht.

Und: Die Geschmäcker sind verschieden. Wenn Ihr Partner mit der nassen Schnauze ein Leckerli nicht mag, versuchen Sie es einfach mit einem anderen.

Feines Filet vom Federvieh

Zutaten:
1 Hühnchenbrust

Zubereitung:
Die Hühnchenbrust in doppelt fingerdicke Scheiben schneiden. Diese „Schnitzel" in einer beschichteten Pfanne ohne Fett durchgaren – ob sie dabei zu trocken werden, ist unwichtig. Das Fleisch wird in der Pfanne vorbereitet, weil es später leichter in sehr schmale Streifen zu schneiden ist.

Den Backofen auf 160 Grad vorheizen. Die garen Schnitzel etwas abkühlen lassen, sie dann in schmale Streifen schneiden. Auf ein mit Backpapier belegtes Blech legen und in den Ofen schieben. Dort bleiben sie für 15 Minuten bei 160 Grad, dann verringern Sie die Temperatur auf 100 Grad und lassen das Fleisch mit leicht geöffneter Backofentür für eine Stunde trocknen.

Natürlich freut sich Ihr Hund auch, wenn Sie statt Huhn die Brust einer Pute nehmen – die sind größer und er hat mehr davon.

Tipp:
Während für uns Menschen Fleisch gegen die Faser geschnitten werden sollte (dann ist es weniger zäh), wollen wir unseren Tieren ja gerade auch Kauspaß gönnen. Kaufen Sie Ihre Brust also am besten am Stück, und schneiden Sie die maulgerechten Stücke mit der Faser.

Honig-Knochen

Zutaten:
200 g zarte Haferflocken
200 g Weizen-Vollkornmehl
100 g Weizenmehl
200 ml Milch
2 Eier
2 EL Honig
2 TL Backpulver

Zubereitung:
Backpulver, Mehl und Haferflocken vermischen. Die Milch erwärmen, den Honig darin auflösen, zur Mehlmasse geben und vermischen. Die Eier zugeben, alles gut verrühren.

Den Teig etwa 1 cm stark ausrollen, mit den Knochenförmchen ausstechen.

Die Teigknochen auf ein mit Backpapier belegtes Blech legen. Im vorgeheizten Ofen bei 220 Grad 15 Minuten backen.

Ergibt etwa 2 Bleche.

Nachos

Zutaten:
Für die Nachos:
100 g Maismehl
100 g Weizenmehl
75 ml Milch
1 EL Butter

Für den Dip:
1 Becher Naturjoghurt
3 EL geriebener Käse

Zubereitung:
Mais und Weizenmehl vermengen. Die Milch mit der Butter erhitzen, in die Mehlmischung geben und gut verkneten.

Den Backofen auf 200 Grad vorheizen. Den Teig direkt auf ein Backpapier sehr dünn ausrollen, 1 bis 2 mm stark. Am besten geht das, wenn der Teig mit einer Frischhaltefolie bedeckt und zwischen Papier und Folie ausgerollt wird. Den Teig in Dreiecke schneiden, oder noch besser mit den Knochenformen ausstechen, die Ausstechreste zu neuem Teig zusammenfügen und wieder ausrollen…

Die rohen Nachos mit der Gabel ein wenig einstechen. 10 bis 15 Minuten backen. Sie sind fertig, wenn die Ränder goldbraun sind.

Für den Dip einfach das Joghurt und den Käse miteinander vermischen.

Goldene Happen

Zutaten:

2 trockene Semmeln, in maulgerechte Würfel geschnitten
2 Eier
1 EL Honig
4 EL Milch
1 Messerspitze Salz

Zubereitung:

Milch, Eier und Honig miteinander verquirlen, eine Prise Salz dazu geben. Die Masse über die Semmelwürfel gießen, vorsichtig durchmischen. 30 Minuten einziehen lassen. Auf ein mit Backpapier belegtes Blech geben, bei 120 Grad etwa 30 Minuten backen. Gelegentlich das Blech rütteln.

Murphys Pizza

Zutaten:

Für den Teig:
120 g Weizenmehl
50 g Butter
60 g Magerquark, abgetropft
1 Messerspitze Backpulver
1 Messerspitze Salz

Für den Belag:
ein wenig Tomatenmark
100 g Putenbrust
50 g geriebener Käse
zwei Prisen Rosmarin
zwei Prisen Oregano

Zubereitung:

Mehl, Butter, Backpulver und Quark zu einem glatten Teig kneten, 4 bis 5 kleine Kugeln mit je ca. 50 g daraus formen. 30 Minuten im Kühlschrank ruhen lassen.
Aus der Putenbrust Scheiben schneiden, in der Pfanne bei wenig Temperatur durchgaren. Die Kugeln zu runden Pizzaböden formen, diese dann dünn mit dem Tomatenmark bestreichen. Die Putenbrust darauf legen, mit Käse und den Gewürzen bestreuen. Für ca. 15 Minuten im vorgeheizten Ofen bei 220 Grad backen.

Rosmarin Chips

Zutaten:
1 große Kartoffel
2 EL Sonnenblumenöl
1 EL frischer Rosmarin, klein gehackt
1 Messerspitze Thymian

Zubereitung:
Das Öl mit dem Rosmarin und dem Thymian vermischen. Schälen Sie die Kartoffel und schneiden Sie sie in sehr dünne Scheiben (am besten geht das mit einer Reibe). Den Backofen auf 180 Grad vorheizen, einen Rost mit Backpapier belegen. Die Kartoffelscheiben auf das Backpapier legen und mit dem Küchenpinsel einseitig sehr dünn mit dem Rosmarin-Öl bestreichen (wenn Sie zu viel Öl nehmen, werden die Chips nicht hart). 10 bis 15 Minuten rösten, die Chips sind fertig, wenn die Kanten goldbraun sind.

Tipp:
Wenn Herrchen anfängt, dem Hund die Chips wegzufuttern, machen Sie ihm seine eigenen: Einfach reichlich typische Chipsgewürze und Salz an das Öl geben. Diese sind dann allerdings nur für das Herrchen, für den Hund sind sie nur sehr beschränkt tauglich.

Hundegeburtstagskuchen

Zutaten:

100 g Thunfisch aus der Dose im eigenen Saft
150 g Rinderhack
250 g Weizenvollkornmehl
4 Karotten
1 Fenchel
½ l Rinderbrühe ohne Geschmacksverstärker
1 Ei
2 EL Olivenöl

Zubereitung:

Schneiden Sie das Gemüse in Würfel und dünsten Sie es im Olivenöl an. Pürieren Sie die Masse und fügen Thunfisch und Rinderhack dazu. Vermischen Sie alles mit der Küchenmaschine. Geben Sie abwechselnd das Mehl und die Brühe dazu und rühren alles, bis aus der Masse ein glatter Teig geworden ist. Waschen Sie das Ei gut ab, fügen Sie das Ei-Innenleben zur Teigmasse, und zermörsern Sie die Eierschale. Auch diese landet im Teig. Ein weiteres Mal wird alles gut vermischt, dann wird der Teig in eine Quiche-Form oder eine mit Backpapier ausgelegte Springform gefüllt. Im vorgeheizten Ofen muss der Geburtstagskuchen bei 200 Grad etwa 90 Minuten backen. Lassen Sie ihn abkühlen, bevor Sie ihn verfüttern!

Apfel-Käse-Stangen

Zutaten:
1 Packung Fertig-Blätterteig, ca. 275 g
1 verquirltes Ei
1 mittelgroße, mehlig kochende Kartoffel
1 kleiner Apfel
10 g Butter
50 g Gouda, gerieben
50 g Semmelbrösel
1 Messerspitze Zimt

Zubereitung:

Die Kartoffel weich kochen, den Apfel in kleine Würfel schneiden und in der Pfanne in der Butter andünsten. Die Kartoffel zerdrücken und zum Apfel geben. Von der Flamme nehmen, mit dem Gouda und den Semmelbröseln vermischen.

Aus dem Blätterteig Quadrate schneiden, ca. 10 x 10 cm groß. Das Ei verquirlen, die Ränder des Blätterteigs damit bestreichen. Die Füllung zu Würsten formen, auf die Quadrate legen – machen Sie die Würste lieber ein wenig zu klein als zu groß. Den Teig dann zu Stangen zusammenklappen, an den Rändern mit der Gabelspitze gut zusammen drücken, mit Ei bestreichen. Auf ein mit Backpapier belegtes Blech legen, die Stangen mit der Gabel ein wenig einstechen und für 30 Minuten kalt stellen. Den Ofen auf 220 Grad vorheizen, die Stangen etwa 20 Minuten backen.

Tipp:
Sollte von der Füllung übrig sein, formen Sie daraus Krokettchen und backen diese einfach mit.

Fliegender Holländer

Zutaten:
100 g Gouda-Käse, gerieben
5 Eier (getrennt)
100 g Mehl

Zubereitung:
Den Ofen auf 180 Grad vorheizen.
Eiweiß steif schlagen. Die Eigelbe mit dem Käse vermischen, mit dem Holzlöffel unter den Eischnee heben. Zuletzt das

Mehl über die Masse sieben und vorsichtig unterheben.
Ein kleines Kuchenblech mit Backpapier auslegen, den Teig ca. 1 cm dick darauf verteilen. 15 Minuten backen. Direkt nach dem Backen stürzen, das Backpapier abziehen und die Masse erkalten lassen.

Kalt in Hundemaul-gerechte Happen schneiden.

Die fertigen Happen noch einmal in den Ofen stecken, bei 80 Grad und leicht geöffneter Backofentür etwa 30 Minuten trocknen.

Joghurt-Eiswürfel

Zutaten:
Lieblingsobst Ihres Hundes, z.B. eine Banane
1 Becher Naturjoghurt

Zubereitung:
Zerdrücken oder zerkleinern Sie das Obst so gut es geht. Mischen Sie das Fruchtmus mit dem Joghurt. Füllen Sie die Masse in ganz normale Eiswürfelbehälter. Nach ein paar Stunden haben Sie den perfekten Sommer-Snack für Ihren Partner mit der dann wirklich kalten Schnauze.

Tipp:
Verwenden Sie bei sämtlichen Joghurtvarianten für Ihr Tier Naturjoghurt. Viele der im Handel erhältlichen Fruchtjoghurts sind meist alles andere als natürlich, und enthalten Aromen, Zucker und andere Zusatzstoffe, die Sie vermeiden sollten.

Drei-Ecken-Kracher

Zutaten:
1 Packung frischer Blätterteig, ca. 275 g
1 verquirltes Ei zum Bestreichen
1 mittlere Karotte, klein gehackt
20 g Butter
100 g Rinderhack
50 g Gouda, gewürfelt
10 g Parmesan, gerieben
ein wenig Mehl oder Semmelbrösel

Zubereitung:

Die Karotte mit der Butter in der Pfanne andünsten, das Rinderhack zugeben und bei geringer bis mittlerer Temperatur durchgaren (es soll nicht gebraten werden, wir wollen Röstaromen vermeiden). Die Masse in eine Schüssel geben, mit dem Gouda und dem Parmesan vermischen.

Sollte nach kurzem Abkühlen noch viel Flüssigkeit vorhanden sein, binden Sie diese durch Zugabe von ein wenig Mehl oder einigen Semmelbröseln.

Aus dem fertigen Bätterteig etwa 10 x 10 cm große Quadrate schneiden – für große Hunde etwas mehr, für kleine Hunde darf es auch etwas weniger sein. Das Ei verquirlen, die Ränder der Quadrate damit bestreichen. Die Füllung gleichmäßig auf die Quadrate verteilen, diese zu einem Dreieck zusammenklappen, an den Rändern mit einer Gabel gut zusammen drücken, mit Ei bestreichen. Auf ein mit Backpapier belegtes Blech legen und 30 Minuten kalt stellen.

Den Ofen auf 220 Grad vorheizen, die Dreiecke etwa 15 bis 20 Minuten backen.

Tipp:
Wenn Sie Blätterteig fertig kaufen, achten Sie auf die Zutatenliste und nehmen Sie das Produkt mit den wenigsten Zusätzen. Sie können den Teig natürlich auch selbst machen, das ist allerdings sehr aufwändig und zeitintensiv.

Thunfisch-Minz-Fladen

Zutaten:
100 g Weizen-Vollkornmehl
125 ml Milch
1 Ei
70 g Thunfisch aus der Dose im eigenen Saft
eine Messerspitze Meersalz
ein paar Blätter frische Minze
etwas Fett zum Ausbacken

Zubereitung:
Vermischen Sie das Mehl mit der Milch, dem Salz und dem Ei. Hacken Sie die Minze sehr fein und geben Sie sie dazu. Schneiden Sie den Thunfisch klein und geben ihn zu der Masse. Vermengen Sie alles gut und lassen Sie den Teig anschließend 30 Minuten ruhen.

Nach Geschmack geben Sie nur 1 bis 2 Esslöffel Teig in die Pfanne und backen kleine Fladen, oder Sie backen einen großen und zerreißen ihn für Ihren Vierbeiner.
Bei geringer Temperatur wird der (oder die) Fladen in der Pfanne sehr hell abgebacken.

Vor dem Verfüttern abkühlen lassen.

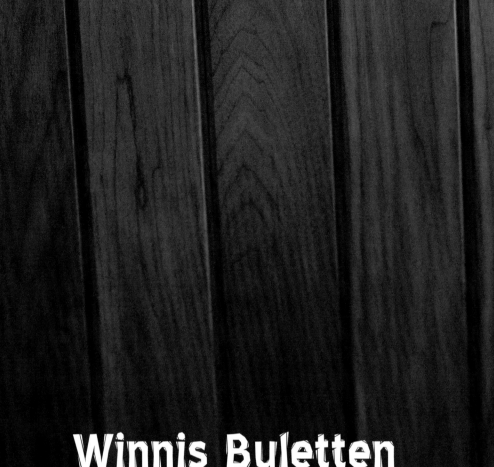

Winnis Buletten

Zutaten:

250 g Rinderhack
½ Bund Petersilie
20 g Butter
1 Prise Majoran
1 Ei
1 trockene Semmel vom Vortag, in Wasser eingeweicht und ausgedrückt.
½ TL Salz

Zubereitung:

Petersilie klein hacken, in heißer Butter andünsten. Mit allen anderen Zutaten zum Fleisch geben, zu einem geschmeidigen Teig verarbeiten. Aus dem Teig kleine Bällchen oder Bulettchen formen, diese auf ein mit Backpapier belegtes Blech legen. Im vorgeheizten Ofen bei 180 Grad etwa 15 Minuten backen.

Kaukreisel

Zutaten:
200 g Roggenvollkornmehl
200 g Weizenvollkornmehl
100 g kernige Haferflocken
300 ml Rinderbrühe (ohne Geschmacksverstärker)
2 EL Honig
2 Eier, gewaschen.
3 EL Petersilie, gehackt
3 EL Minze, gehackt
2 EL Rosmarin, gehackt
200 g kernige Haferflocken zum Wenden
nach Geschmack weitere Kerne zum Wenden, z.B. Kürbiskerne

Zubereitung:
Vermischen Sie die beiden Mehle und die kernigen Haferflocken. In die noch warme, aber nicht mehr heiße Rinderbrühe rühren Sie den Honig ein, bis er sich auflöst. Geben Sie nun nach und nach die Rinderbrühe in die Mehlmasse – verkneten Sie alles mit der Küchenmaschine. Dann fügen Sie die Kräuter und die Eier zu – die Schale der beiden Eier zermahlen Sie im Mörser und fügen sie ebenfalls der Masse bei.

Aus dem fertigen Teig kleine Bällchen formen, diese in den kernigen Haferflocken wenden. Auf ein mit Backpapier belegtes Blech legen, die Mitte eindrücken. Im vorgeheizten Backofen bei 200 Grad etwa 20 Minuten backen, danach die Temperatur auf 75 Grad verringern und bei leicht geöffneter Backofentür noch eine Stunde trocknen lassen.

Krachende Kugelkekse

Zutaten:
500 g Weizenvollkornmehl
60 g Butter
100 g Milchpulver
150 ml Hühnerbrühe (ohne Geschmacksverstärker)
2 Eier

Zubereitung:
Die Butter mit dem Ei schaumig rühren. Das Mehl dazu geben. Das Milchpulver in der Hühnerbrühe auflösen, zur Mehlmasse geben und gut verkneten. Kleine Kügelchen formen, diese auf ein mit Backpapier belegtes Blech legen. Im vorgeheizten Ofen bei 150 Grad 60 Minuten backen.

Tipp:
Die Kugeln werden härter, wenn Sie sie nach dem Backen über Nacht im ausgeschalteten, aber noch warmen Backofen ruhen lassen.

Fenchel-Ingwer-Reis-Platten

Zutaten:
1 Fenchel
250 g Magerquark
250 g in Hühnerbrühe gekochter Rundkornreis
1 Ei
200 g Weizenmehl
1 TL Ingwer, geraspelt
1 TL Honig

Zubereitung:

Den Fenchel putzen und sehr klein würfeln, den Ingwer raspeln und beides zum Reis geben. Mit dem Quark und dem Honig vermengen, das Ei unterrühren. Dann nach und nach das Mehl beimischen.

Den Teig auf ein mit Backpapier belegtes Ofenblech geben, im vorgeheizten Ofen bei 180 Grad etwa 45 Minuten backen. Herausnehmen und die noch heiße Platte in maulgerechte Stücke zerschneiden. Die Stücke im warmen Ofen über Nacht trocknen lassen.

Tipp:

Diese Variante ergibt halbweiche Kekse, auf denen auch ältere Hunde gern herumkauen. Wenn Ihr Vierbeiner auf die ganz harten Leckerli steht, trocknen Sie die Platten einfach bei geringer Temperatur und leicht offener Backofentür aus, bis die gewünschte Konsistenz erreicht ist.

Beef-Brocken

Zutaten:
500 g Rindfleisch

Zubereitung:
Schneiden Sie das Fleisch in maulgerechte Brocken oder Streifen. Belegen Sie ein Ofenblech mit Backpapier. Darauf legen Sie die Beef-Brocken. Bei 170 Grad 45 Minuten garen; die Ofentür leicht öffnen, das Fleisch bei 90 Grad 2 weitere Stunden trocken lassen. Dann lassen Sie die Brocken abkühlen.

Müsli-Riegel

Zutaten:
50 g Haferflocken, zart
50 g Haferflocken, kernig
50 g Weizenmehl
150 g Trockenfrüchte, gemischt
(ohne Rosinen!)
20 g Kerne, z.B. Sonnenblumen-
kerne oder Kürbiskerne
1 kleine Karotte, geraspelt
½ kleiner Apfel, geraspelt
1 Ei
100 ml Hühnerbrühe

Zubereitung:
Die Trockenfrüchte klein hacken. Mit allen anderen Zutaten in eine Schüssel geben und alles gut verrühren. Auf einem mit Backpapier belegten Blech die Knochenformen einzeln mit der Masse füllen, die Form vorsichtig abheben. Im Ofen bei 160 Grad etwa 50 Minuten backen.

Tipp:
Sie können sich das Mischen der Früchte und Flocken auch ersparen und einfach von einem Früchtemüsli nehmen. Achten Sie aber auf Qualität und Inhaltsstoffe: Es dürfen keine Rosinen und keine Schokolade im Müsli sein, Zucker oder Süßstoffe ebenfalls nicht.

Pumpernickel-Pralinchen

Zutaten:

100 g Pumpernickel
100 ml Rinderbrühe
50 g Butter
50 g körniger Frischkäse
50 g Milchpulver
100 g zarte Haferflocken
1 EL Honig
2 EL Rosmarin, gehackt für die Masse
weitere 2 EL Rosmarin, gehackt zum Bestreuen

Zubereitung:

Die Rinderbrühe mit der Butter, dem Honig und dem Rosmarin erwärmen, bis die Butter zerlassen ist. Von der Flamme nehmen. Den Hüttenkäse einrühren. Den Pumpernickel zu Krümeln schneiden, in die Masse geben und mit dem Pürierstab gut vermischen. Das Milchpulver unterrühren. Die Masse abkühlen lassen.
Die zarten Haferflocken unterrühren, den Teig zu Kügelchen formen. Mit gehacktem Rosmarin bestreuen und im Kühlschrank erkalten lassen.

Bananenbrot

Zutaten:
½ Apfel
2 Bananen
150 g Weizen-Vollkornmehl
150 g feine Haferflocken
2 EL Olivenöl
1 Prise Salz

Zubereitung:
Die Bananen und den halben Apfel klein schneiden, Öl und eine Prise Salz zugeben und mit dem Pürierstab musen. Mehl und Haferflocken untermischen, zu einem Teig verarbeiten. Wenn der Teig zu trocken sein sollte, die andere Hälfte des Apfels musen und untermischen.
Den Teig 30 Minuten ruhen lassen, dann auf einer bemehlten Arbeitsfläche etwa 1 cm dick ausrollen, Knochen ausstechen und auf ein mit Backpapier belegtes Blech legen.

Im auf 180 Grad vorgeheizten Ofen 30 Minuten backen.

Ergibt ein eng belegtes Blech.

„Natürlich kann man auch ohne Hund leben – aber es lohnt sich nicht."
Heinz Rühmann

Was abschließend zu sagen wäre

Haltbarkeit

Spezielle Angaben über die Haltbarkeit der verschiedenen Snacks zu machen wäre wenig seriös. Ein paar allgemeine Aussagen lassen sich aber treffen: Je feuchter ein Snack ist, desto schneller sollten Sie ihn verfüttern und desto eher braucht er Kühlung. So sollten Sie die „Pumpernickel-Pralinchen" im Kühlschrank lagern und nach ein paar Tagen verfüttert haben. Je größer der Anteil an frischen Zutaten wie Fleisch oder Gemüse (z.B. bei „Winnis Buletten"), desto schneller sollten Sie sie verfüttern.

Sehr trockene Leckerli wie die „Krachenden Kugelkekse" halten sich ähnlich wie Weihnachtsplätzchen über Wochen oder sogar Monate.

Benutzen Sie im Zweifel Ihre eigene und Ihres Hundes Nase. Und wenn Sie dieselbe rümpfen müssen, verfüttern Sie den Grund dafür nicht mehr.

Lagerung

Grundsätzlich sollten alle Kekse und alles Gebäck ausgekühlt sein, bevor Sie es zum Lagern in ein Gefäß geben. Wenn das Gebäck noch warm ist, führt dies zu Kondensation und erhöht die Feuchtigkeit, was wiederum die Haltbarkeit mindert.

Feuchte Snacks lagern Sie im Kühlschrank, in einem luftdicht

schließenden Gefäß. Trockene in einer Keksdose im Vorratsschrank.
Vermeiden Sie durchsichtige Behälter, die der Sonnenbestrahlung ausgesetzt sind.
Die meisten Snacks lassen sich problemlos einfrieren; nach dem Auftauen sollten sie allerdings recht bald verfüttert werden.

Hunde mit besonderen Bedürfnissen

Die Leckerli in diesem Buch sind nahrhaft und für den normalen Hund eine willkommene und gesunde Zwischenmahlzeit. Es gibt aber auch im Hundeleben Momente, bei denen ganz besonders auf die Ernährung geachtet werden muss. Eine trächtige Hündin sollte kein Rosmarin und keine Petersilie bekommen, ein Hund mit Lactoseintoleranz keine Milch, ein Weizenallergiker kein Weizenmehl. Welpen benötigen sowieso eine ganz andere Ernährung als ein erwachsener Hund… Die Liste ließe sich endlos fortführen.

Wenn Sie sich nicht sicher sind, fragen Sie Ihren Tierarzt, und im Zweifel: Backen Sie ein anderes Rezept.

Raum für Ihre Notizen

....
....
....
....
....
....
....
....
....
....
....